LE CORBUSIER

T0311249

U N E   P E T I T E   M A I S O N

1

9

2

3

BIRKHÄUSER

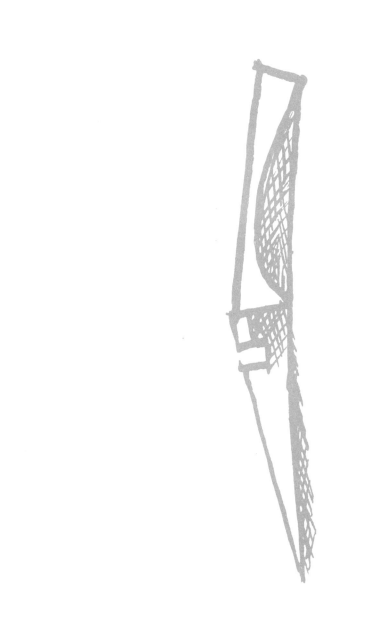

UNE PETITE MAISON

La région

Un terrain...

La région, c'est le lac Léman où s'étagent les vignes en terrasses ; la longueur de leurs murs de soutènement alignés bout à bout totaliserait trente mille kilomètres (les trois quarts du tour de la Terre !). Les vignerons vont fort ! Œuvre séculaire, peut-être millénaire.

La petite maison abritera les vieux jours de mon père et de ma mère, après une vie de labeur.

Mère musicienne, père fervent de la nature.

1922, 1923, je prends à plusieurs reprises le rapide Paris–Milan ou l'Orient-Express (Paris–Ankara). J'emporte un plan de maison dans ma poche. Le plan avant le terrain ? Le plan d'une maison pour lui trouver un terrain ? Oui.

Les données du plan. Première donnée : le soleil est au sud (merci). Le lac s'étale au sud devant les coteaux. Le lac et les Alpes qui s'y réfléchissent sont devant, régnant d'est en ouest. Voilà de quoi conditionner le plan : face au sud, il étend en longueur un logis de quatre mètres de profondeur, mais dont le front mesure seize mètres. Sa fenêtre a onze mètres de long (j'ai dit «sa» fenêtre).

Seconde donnée : «la machine à habiter». Des fonctions précises avec des dimensions spécifiques pouvant atteindre un minimum utile : une marche économe et efficiente réalisant les contiguïtés efficaces. Une superficie minima avait été allouée pour chaque fonction ; le total donnait cinquante-quatre mètres carrés. Le plan achevé, et tous dégagements compris, la maison couvrait soixante mètres carrés, sur un seul niveau.

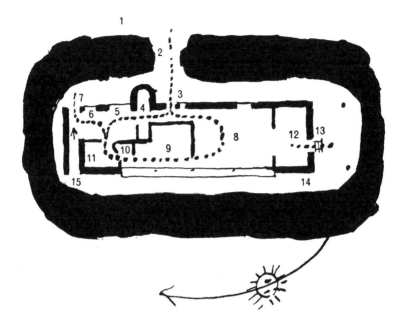

Un circuit

Conséquence : un circuit.
1. la route ; 2. le portail ; 3. la porte ; 4. le vestiaire (avec la chaudière au mazout) ; 5. la cuisine ; 6. la buanderie (et la descente à la cave) ; 7. la sortie sur la cour ; 8. la salle ; 9. la chambre à coucher ; 10. la baignoire ; 11. la penderie et la réserve du linge de maison ; 12. le petit salon-chambre d'amis (avec un lit dans une cuvette à niveau du sol et recouvert d'un second lit-divan) ; 13. un abri ouvert sur le jardin ; 14. le devant de la maison et la fenêtre de onze mètres ; 15. l'escalier montant sur le toit.

Le plan dans la poche, on a longuement cherché le terrain. On en retint plusieurs. Mais un jour, du haut des coteaux on découvrit le vrai terrain (1923).

Il était au bord du lac ; on peut même dire qu'il attendait cette petite maison. La famille du vigneron vendeur fût charmante et accueillante. On but «le verre».

On a découvert le terrain

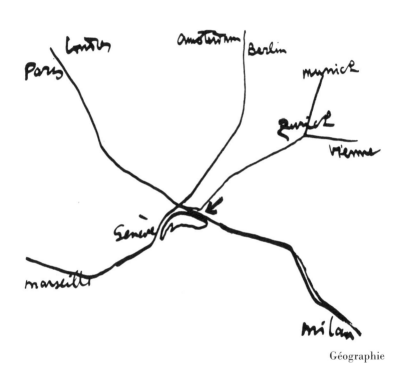

Géographie

Par la géographie on a vérifié le choix: à vingt minutes de là, s'arrêtent, en gare, les rapides qui mettent en contact Milan, Zurich, Amsterdam, Paris, Londres, Genève, Marseille...

Le plan est installé sur son terrain ; il y entre comme une main dans un gant. Le lac est à quatre mètres devant la fenêtre, la route derrière est à quatre mètres de la porte. La surface à entretenir est de trois cents mètres carrés, moyennant quoi est acquise une vue incomparable et inaliénable sur l'un des beaux horizons du monde.

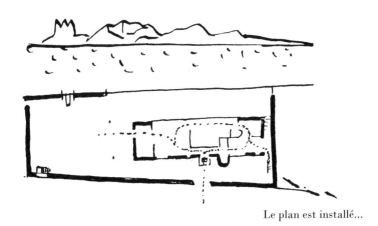

Le plan est installé...

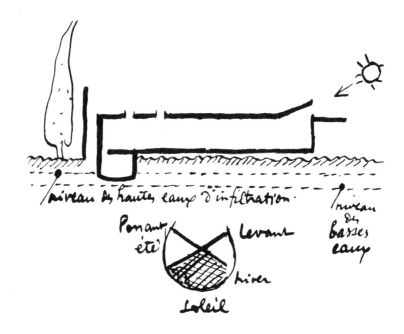

La coupe

La maison a deux mètres et demi de haut (minimum réglementaire). C'est une boîte allongée sur le sol. Le soleil levant est accueilli à l'un des bouts par un lanterneau oblique; puis il tourne toute la journée au-devant.

Soleil, espace, verdure... sont acquis.

On est sur un terrain de remblai vieux de cent ans. N'empêche que les eaux du lac, dont le niveau monte et descend de quatre-vingts centimètres chaque année, s'infiltrent derrière le mur de soutènement. Ce qui aura des conséquences... On l'ignorait à ce moment-là.

Les gens dirent: «A quatre mètres du lac? Ils sont fous! Rhumatismes et éblouissement!»

«Les gens» n'observent pas et ne réfléchissent pas.

Rhumatismes? Faites bouillir l'eau d'une casserole. Où est la vapeur? Au-dessus de la casserole, jamais à côté de la casserole. «L'humidité-rhumatisme» (et les rhumatismes) sont sur les hauteurs, sur les coteaux à la cote cinquante mètres — cent mètres. L'humidité est au-dessus de la casserole!

Eblouissement? Le soleil est devant, d'est en ouest, n'atteignant (et encore) le zénith qu'au solstice d'été. Jamais l'angle d'incidence ne passera par la petite maison. Il atteint (et éblouit) les habitants des coteaux, ceux des cotes cinquante ou cent! «Les gens» ignorent l'angle d'incidence.

La petite maison fut construite en 1923/24 sur les plans de Le Corbusier et Pierre Jeanneret.

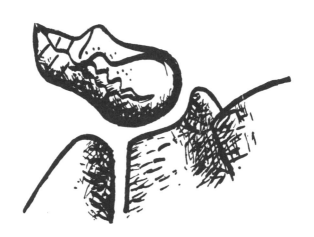

LA PETITE MAISON

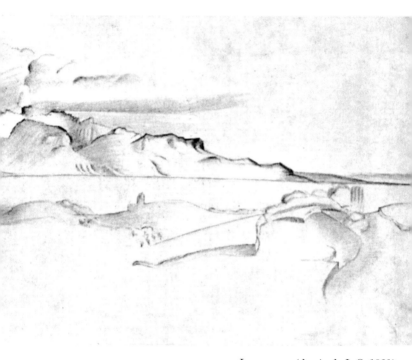

Le paysage (dessin de L-C, 1921)

Mon père vécut une année dans cette maison. Ce paysage le comblait. Durant sa vie de travail, là-haut, à mille mètres dans les Montagnes Neuchâteloises, il nous avait ouvert les yeux sur les richesses de la nature. C'était un pays austère et rude. D'un côté, barrant l'horizon, l'extrême chaîne des montagnes, ultime marche de l'escalier escaladant le Jura depuis le Rhône de France; de l'autre côté, le cañon du Doubs, violent défoncement géologique. Cette vallée «du Fond» était isolée, sans habitants autrefois; depuis sept siècles, elle est devenue «terre d'asile». Mais la dureté du climat engage ceux qui en ont le goût et le pouvoir à descendre un jour vers le Léman où pousse la vigne.

En 1923, c'était, ici, le «Chemin Bergère», un chemin presque abandonné; une ancienne route romaine qui avait relié l'évêque de Sion aux évêques de Lausanne et de Genève. Vers 1930, tout éclata: les ponts-et-

La route

L'entrée

chaussées choisirent ce vestige ancien pour y réaliser le redressement de la route internationale du Simplon. Désormais, la furie des véhicules remplaça le silence d'Arcadie. Par chance, le visage de la petite maison était de l'autre côté, à l'abri.

Le budget de construction était infime. L'entrepreneur ne prenait pas très au sérieux une telle architecture. J'étais à Paris, bien forcé de faire confiance! On employa, pour les murs, des «corps-creux» de béton de ci-

Le portail

La porte est derrière l'hortensia

ment et sable (conducteurs de froid et de chaud — mauvais), démunis, pour recevoir le mortier, d'un lit, d'une assiette favorables.

C'est pourquoi un beau jour on ajouta, à la façade nord, un revêtement de bardeaux de tôle galvanisée, couramment employé contre les intempéries dans les fermes du haut Jura. Cette carapace utilitaire est fort jolie.

Le revêtement en tuiles
de tôle galvanisée

Précisément naissait l'aviation commerciale avec ses carlingues en aluminium côtelé (Breguet). La petite maison se mettait (sans intention préconçue) «à la page».

La raison d'être du mur de clôture que l'on voit ici est de fermer la vue au nord, à l'est, en partie au sud, à l'ouest; le paysage omniprésent sur toutes les faces, omnipotent, devient lassant.

Le mur qui ferme la vue

Le tremplin du chien

Avez-vous observé qu'en de telles conditions, «on» ne le «regarde» plus ? Pour que le paysage compte, il faut le limiter, le dimensionner par une décision radicale :

Donner l'échelle humaine

boucher les horizons en élevant des murs et ne les révéler, par interruption de murs, qu'en des points stratégiques.

La règle servit ici : murs nord, est et sud ont « cloîtré » le tout petit jardin carré de dix mètres de côté et ils en on fait une salle de verdure — un intérieur.

Pour la joie du chien (et ça compte dans un foyer), on a dressé un tremplin et aménagé une grille à niveau des pieds des passants de la route. Et le chien s'amuse! De la grille du portail à la grille du tremplin, il galope sur vingt mètres et il aboie éperdument!

Donner l'échelle humaine

Le mur sud, toutefois, fut percé d'un trou carré pour «proportionner» (objet à dimensions humaines). Egalement pour créer de l'ombre et de la fraîcheur.

Subitement s'arrête le mur

Le tour est joué

Subitement, le mur s'arrête et le spectacle surgit: lumière, espace, cette eau et ces montagnes...

Voilà: le tour est joué!

Une colonne

La maison, ici, a quatre mètres de façade. La porte sur le jardin, trois marches, l'abri.

Une colonne porte le toit de l'abri: c'est un tuyau métallique de six centimètres de diamètre.

La place qu'il occupe en recoupement avec le vieux mur du lac, institue un fait insigne: la croisée d'angle droit — coordonnée des eaux et des monts.

Quatre mètres...

On est entré dans la maison.

La fenêtre de onze mètres lui confère de la classe!

C'est une innovation constructive conçue pour le rôle possible d'une fenêtre: devenir l'élément, l'acteur pri-

L'ouvrant, la tablette, le linteau

Par ce lanterneau pénètre le soleil levant

mordial de la maison. Installer la proportion dedans la maison, à l'endroit le plus décisif : hauteur de la tablette, hauteur du linteau, solution donnée au rideau («un bon plan de maison commence à la tringle à rideaux» — dixit Corbu), potelets très sveltes (tubes de fer de 8 cm rem-

Un bon plan commence à la tringle à rideaux... →

plis de béton et de ferraille raccordée au linteau). De rares guichets (par économie et pour le confort), etc... Coupe éloquante de la fenêtre. Nous la retrouverons tout à l'heure, dehors.

Colonne

Onze mètres de fenêtre, au-dehors

Le volet roulant est extérieur — son enroulement des coulissants, son mécanisme. On évite ainsi la pénétration d'air froid par le caisson traditionnel.

La fenêtre est donc l'unique acteur de la façade.

Un authentique « fait d'architecture »

$\mathbf{P}$ourtant, à l'extrémité, est un authentique « fait d'architecture » (oh « excuse-me », Vignole !). Une planche

Architecture

sert de banc et, derrière, trois petits guichets hori-
zontaux éclairent la cave. Cela peut suffire à donner du
bonheur (si vous n'êtes pas de cet avis, passez!)

Quinze ou vingt centimètres de terre

On monte sur le toit. Plaisir qui fut celui de certaines civilisations à certaines époques.

Le béton armé apporte le toit-terrasse et, avec quinze ou vingt centimètres de terre, le «toit-jardin».

Nous y voici. C'est en août, en pleine canicule; les herbes sont rôties! Qu'importe! chaque brin porte ombre, et les racines serrées constituent un épais feutre isolant.

Isolant du froid, isolant du chaud. C'est-à-dire un produit isotherme gratuit ne nécessitant aucun entretien.

Ici, l'écoulement des eaux de pluie

Ici, le trou d'écoulement des eaux de pluie. Le tuyau de descente traverse le logis, au cœur de la maison (comme d'ailleurs y sont aussi les robinets des lavabos, de la baignoire, de l'évier, etc...).

L'un des lanterneaux fixes (dalle de verre scellée au bitume) qui éclairent la buanderie, la penderie...

Un lanterneau

Le géranium sauvage...

Attention! Nous sommes fin septembre. La flore d'automne s'est réveillée; le toit a verdi à nouveau: une toison épaisse de géraniums sauvages a tout recouvert. C'est très beau. Au printemps, l'herbe naissante et la fleurette. En été, la prairie des folles herbes très hautes.

...d'automne

Le jardin de toiture vit de lui-même, au gré du soleil, des pluies, des vents et des oiseaux porteurs de graines.

(Dernière heure, avril 1954: le toit est entièrement bleu de myosotis. Personne ne sait comment ils sont venus ici?)

... Appuyé sur la rambarde du navire... Appuyé sur le bord du toit...

Marcher sur son toit...

Béatitude réservée jusqu'ici aux seuls chats dits : de gouttières.

On redescend au sol.

Descendre de son toit...

Ici était autrefois le saule-pleureur

Ah, voilà! Après trente années (presque), la façade porte des cicatrices, des colmatages de goudron. Les rides, les appendicites, les rhumatismes de la maison.

Lecteur, en 1923, ce terrain était nu comme un ver; seul un cerisier attaché à son tuteur montrait trois poils au bout d'un bâton. Aujourd'hui, l'ombre est abondante et le soleil bien réparti.

On avait bâti. Et on avait immédiatement planté un pin, un peuplier, un saule-pleureur, un acacia, un paulownia — tous des enfants d'arbres, des gringalets.

J'ai dit que les eaux du lac s'infiltrent sous le jardin derrière le mur de soutènement. Le soleil tape, la terre chauffe, l'eau est tiède, les arbres font du chemin...

Le cerisier est devenu un gros garçon. Ma mère en fait des confitures pour tout l'hiver.

Le pin ? Il a fallu le couper, il portait une ombre néfaste au peuplier.

Le peuplier ? Il est devenu formidable. On l'a scié par le milieu, en travers. Puis on l'arracha définitivement,

Cicatrices...

ses racines allant chatouiller (bien loin) les modestes fondations de la petite maison.

L'acacia ? Il enlevait leur soleil aux salades du voisin. Il fut enlevé.

Le paulovnia est demeuré seul

Un cerisier. Le paulownia

Le saule-pleureur ? Il pleurait de trop, prenant son soleil à la chambre à coucher. Il trempait ses feuilles dans le lac ; il était poétique, tout et tout ! Coupé, le saule-pleureur ! Alors, le paulownia est demeuré avec ses grosses feuilles bêtasses. Son tronc est énorme, couvert de lichens en médaillons, comme une prairie est couverte de pissenlits. Il pousse des branches intrépides dans tous les sens, qui défient les lois de la statique (encastrement des consoles). Chaque année, on lui coupe «sa» branche, c'est-à-dire celle qui est devenue intolérable.

Un cerisier. Le paulownia

Eau

L'image précédente, prise du lac, montre les deux survivants : le cerisier et le paulownia. A quatre mètres de la façade, le vieux mur retient le lac aux eaux lémaniquement bleues secouées parfois de rage dévastatrice — la « vaudeyre », tempête de la région.

LES MAISONS AUSSI ATTRAPENT LA COQUELUCHE

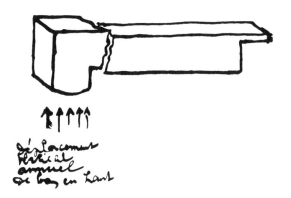

La cave étanche était une péniche

On l'avait laissé deviner : il allait se passer quelque chose.

Notez bien qu'il s'agit d'une maison très bon marché.

Une étrange épreuve assaillit la bâtisse : elle se fendit, en un lieu, tout en travers. L'imperméabilisation de la toiture mettait à l'abri de toute catastrophe. Mais il était bon de savoir à quoi s'en tenir. Recherches, enquête.

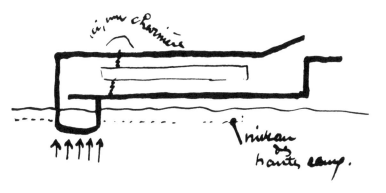

Aux hautes-eaux, la charnière sur le toit fonctionne!

On nous dit, un jour, que les maisons du bord du lac Léman se fissurent aux hautes eaux; les fissures se referment aux basses eaux. Drôle de respiration!

Archimède a proclamé: tout corps plongé dans un liquide reçoit une poussée verticale de bas en haut égale au poids du volume du liquide déplacé...

Avec émerveillement on découvre que la petite cave placée dans la dernière travée ouest — cave étanche —

Par dessus le marché, l'aluminium protège du chaud et de la pluie

constitue bel et bien une péniche flottante à chaque «hautes-eaux», en sorte que la cave-péniche reçoit... de bas en haut la poussée chère à l'Archimède regretté. Dans ces conditions, une lecture de situation s'impose (l'autorité abaisse, une fois par année, le niveau du lac [le niveau des eaux] de quatre-vingts centimètres, en ouvrant l'écluse du Rhône à Genève pour permettre ainsi aux riverains de faire des réparations).

Les vieilles maisons du bord du lac, construites sur terres rapportées — donc perméables, se fendent annuellement dans leurs maçonneries : craquelures qui n'inquiètent personne. Le toit de tuiles, lui, en est à peine dérangé. Tandis qu'une maison de ciment craquelée prend mauvaise figure.

On construisit ici, sur la terrasse, une charnière (feuille de cuivre souple). Mais pour éviter les émotions visuelles annuelles d'une expérience de physique, on recouvrit la façade sud d'une pellicule d'aluminium.

Ainsi fut fait.

Note: Les photographies sont faites, sur les données de L-C, par Mademoiselle Peter, professeur de photographie à Vevey

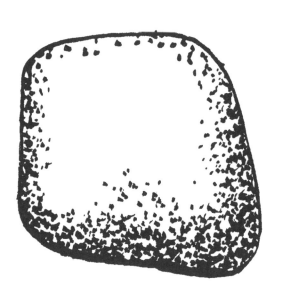

DESSINS DE 1945

Vingt années après la construction de cette petite maison, je m'offris le délassement de quelques dessins. Ils confirment les faits architecturaux impliqués dans cette simple entreprise de 1923, époque à laquelle la recherche d'un logis décent laissait l'opinion indifférente.

Le dernier dessin, daté de septembre 1951, célèbre les quatre-vingt-onze ans de ma mère.

L-C
1945

L-C
45

L-C
45

L—C
45

L-C₄₅

à 91 ans, Marie Charlotte
amélie
Jeanneret Perret
règne sur le soleil, la lune,
les monts, le lac et le
foyer, entourée de l'admiration
affectueuse de ses enfants   10 Septembre 1957

LE CRIME

Quand cette petite maison fut achevée, en 1924, et que mon père et ma mère purent s'y installer, le Conseil Municipal d'une commune proche se réunit et, considérant qu'une telle architecture constituait, en fait, «un crime de lèse-nature», craignant par ailleurs qu'elle ne fit quelque émule (qui sait ?), il interdit qu'elle fut à jamais imitée...

TABLE

Postface

VIES D'UNE ILLUSTRE PETITE MAISON

Guillemette Morel Journel

Voici trois quarts de siècle qu'a paru l'ouvrage qui est ici réimprimé en fac-similé. En 1954 en effet, Le Corbusier avait voulu consacrer un de ses plus petits livres, *Une petite maison,* à une de ses plus petites réalisations. S'il avait décidé de revenir, plus de trente ans après sa construction en 1924 à Vevey au bord du lac Léman, sur cette modeste construction d'une soixantaine de mètres carrés seulement, c'est que la « petite maison », dite aussi « villa Le Lac » lui tenait particulièrement à cœur : il l'avait en effet conçue pour ses chers parents, et la voyait « comme un temple antique au bord de l'eau » (lettre à sa femme Yvonne, 11 septembre 1924).

Par-delà cette valeur sentimentale, la petite maison a la particularité d'avoir inspiré à Le Corbusier de nombreuses descriptions : furent ainsi passés au crible, par son propre concepteur, la manière dont elle avait été conçue, son chantier, son fonctionnement et les dispositifs spatiaux déployés, enfin, sa « vie » au fil des ans. Le Corbusier adopte alors une posture de mise en abyme réciproque d'auteur (de texte) et de créateur (d'architecture), le premier se faisant l'exégète autorisé du second. Exégète, mais aussi théoricien : les présentations de ses propres bâtiments sont en effet l'occasion de formuler ou d'illustrer des éléments de doctrine. En attestent les volumes successifs de son *Œuvre complète* parus depuis 1930 chez l'éditeur zurichois Hans Girsberger, qui publia aussi l'édition originale de *Une petite maison :* « Il n'est pas inutile, je le répète, de lire constamment dans son propre ouvrage. La conscience des événements est le tremplin du progrès », s'exclamait Le Corbusier dans une conférence en 1929. Le livre de 1954 se comprend donc mieux si on le resitue dans le temps long durant lequel Le Corbusier a parlé de la « petite maison ».

Quarante ans de descriptions

La première description publique de la villa Le Lac apparaît avant même que son chantier ait commencé, le 28 décembre 1923, dans le quotidien *Paris-Journal*. Abondamment cité, Le Corbusier saisit l'occasion de répondre aux accusations proférées contre la fenêtre en longueur par son ancien maître Auguste Perret. L'article est illustré d'un plan et d'une perspective de la face arrière de la maison, faisant apparaître dans le lointain la silhouette des Alpes ; l'architecte indique : « Il n'y a de véritable fenêtre que sur un seul côté, mais elle court tout au long de la façade et suffit amplement à éclairer toute la maison ; car, en plus de la faculté éclairante que lui donnent ses dimensions, elle aboutit exactement, sur chacun de ses côtés, jusqu'aux coins formés par des murs faisant angle droit avec sa surface. Ces murs blancs filent ainsi directement dans le paysage, sans l'interposition du relief d'aucun trumeau. […] Notre mièvrerie trouve cette maison peu élégante. Mais nous n'admettons pas qu'on l'accuse d'être inconfortable. » Le propos dépasse donc l'aspect technique de l'éclairement pour aborder des objectifs plus ambitieux, qui relèvent d'une posture proprement architecturale : le rapport entre le dedans et le dehors (un point fondamental de l'architecture dite moderne), la mise en scène des vues sur le grand paysage.

Trois ans plus tard, en 1926, la maison bénéficie de sa première présentation « officielle », par Le Corbusier lui-même, dans son livre *Almanach d'architecture moderne,* à travers trois pages de photographies – trois vues extérieures, une intérieure – qui reviennent sur la fameuse polémique avec Perret. Point de texte, des légendes laconiques, sauf pour la vue intérieure de la grande fenêtre, placée verticalement pour occuper pleinement la page : « La fenêtre a 10m75 de long. En hiver le site « est là » comme si l'on était au jardin. Alors les jours ne sont plus tristes ; de l'aube à la nuit, la nature déploie ses métamorphoses. » Si l'article de 1923 opérait un glissement de la technique vers la théorie, la légende de 1926 entraîne le lecteur dans les sphères de la psychologie et de la métaphysique ! Il est également significatif que ce soit la « fenêtre en longueur » de la maison de ses chers parents qui est convoquée par Le Corbusier pour défendre ce qui deviendra une sorte de figure obligée dans sa grammaire de composition, la fameuse doctrine des « 5 points d'une architecture nouvelle ».

La fenêtre de la « petite maison », pièce fondamentale de la « machine à habiter »

Peu après, le premier volume de l'*Œuvre complète,* dévolu aux années 1910–29, consacre une double page à la « Petite villa au bord du lac Léman 1925 ». Le plan (curieusement légendé en allemand) et une coupe longitudinale sont accompagnés de sept photographies. Toutes sont légendées de manière minimale – « Façade », « Le jardin », etc. – à l'exception, là encore, d'une vue intérieure de la baie sur le lac : « Une fenêtre à échelle humaine » ; paradoxalement, aucune figure humaine ne figure sur cette image – respectant en cela les conventions du genre de la photographie d'architecture de l'époque. Le texte expose sans affect « le problème posé » ; la méthode de résolution dudit problème – « on a procédé contrairement aux usages », à savoir l'élaboration rationnelle de la « machine à habiter » correspondant aux besoins ; puis la recherche d'un terrain susceptible d'accueillir cette machine ; enfin une brève description, là encore très factuelle (les données chiffrées abondent) des éléments de la maison et de son fonctionnement. Cette chronologie inhabituelle, *a priori* incohérente, du projet est entièrement assumée par Le Corbusier, qui n'hésitera pas à affirmer dans le livre de 1954 : « Le plan avant le terrain ? […] Oui. » (p. 5).

Dans le chapitre/conférence sur « Le plan de la maison moderne », publié en 1930 dans ses *Précisions sur un état présent de l'architecture et de l'urbanisme,* Le Corbusier convoque la « petite maison » mais sans la nommer. Après avoir posé que « la révolution architecturale […] implique différents facteurs – 1. Classement, 2. Dimensionnement, 3. Circulation, 4. Composition, 5. Proportionnement » –, il illustre les deuxième et troisième points par « la suite des opérations raisonnables qui ont présidé à la construction ». Le texte, alerte comme le requiert la rhétorique des conférences, fait alterner des phrases interrogatives, nominales, impératives, assertives, avec des verbes au passé ou au présent, un recours abondant aux signes de ponctuation et aux adjectifs percutants. Il contraste avec la grande économie de moyen des trois illustrations qui accompagnent le propos : une esquisse schématique de la vue depuis le terrain ; une addition des surfaces de chaque pièce, posée scolairement à des fins didactiques ; enfin un plan rudimentaire de la maison, où apparaît la cote de sa largeur et la grande percée face à la vue : « La maison a 4 mètres de large. A l'intérieur, cette maison de 57 mètres carrés offre une perspective de *quatorze mètres !* La fenêtre de

11 mètres introduit l'immensité du dehors, l'infalsifiable unité d'un paysage lacustre avec tempêtes ou calme radieux. » L'emphase portée sur ces *« quatorze mètres »,* composés en italiques, signale que c'est ici que se joue l'enjeu du projet : faire beau et grand avec du petit. Comme souvent dans l'écriture aussi bien architecturale que littéraire de Le Corbusier, la figure de l'oxymore règle les choix de création, construits sur des jeux d'oppositions binaires qu'il s'agit de transcender.

Le temps passe. Après vingt-cinq ans de silence rompu par le seul livre *Une petite maison,* Le Corbusier reviendra deux fois sur la villa. D'une part dans le volume synthétique de l'*Œuvre complète,* 1910–60, édité du vivant de Le Corbusier, donc sous son contrôle, qui ajoute deux pages à la présentation du premier volume de l'Œuvre complète (1910–29) en 1930. Le caractère autoréférentiel de cette reprise est accentué par la reproduction de morceaux de la couverture de l'ouvrage *Une petite maison,* ainsi que par celle de photos et dessins qui y étaient reproduits – notamment un croquis réalisé pour l'anniversaire de sa mère.

La dernière exposition de la villa est donnée dans son ouvrage d'autofiction *L'Atelier de la recherche patiente.* Elle réunit en 1960, sur une seule page, presque tous les registres évoqués dans le petit livre de 1954 : le souvenir, avec un dessin mettant en valeur, depuis la rive, la dualité entre la vue cadrée par la « fenêtre » carrée percée dans le mur du jardin et le panorama devant la maison ; la grande fenêtre et le rapport au lac, avec une photo ancienne prise sur le lac, l'analyse schématique du processus de conception et de la solution architecturale, avec un curieux croquis mêlant plan et élévation, et enfin la (triste) leçon de l'histoire, avec quelques lignes amères évoquant le rejet des administrations locales.

Le premier des *Carnets de la recherche patiente*

L'attachement familial que Le Cobusier portait, on l'a vu, à la villa Le Lac explique que, lorsqu'il mit sur pied au début des années 1950 une collection qu'il allait nommer *Les Carnets de la recherche patiente,* il l'ait inaugurée par une monographie qui lui était consacrée. L'intitulé de cette série renvoie à une sorte de concept qu'il a forgé pour désigner les nombreuses facettes de son travail artistique : la « recherche patiente » ; accolé à celui d'« atelier », il donnera son titre à son dernier livre en 1960. L'intensité de l'engagement de l'architecte dans cette entreprise est attestée par un signet glissé dans l'édition originale (désormais reproduit au verso de la première de couverture) qui porte la mention : « Ce petit livre raconte l'histoire de la maison que Le Corbusier a construite en 1923 aux bords du lac Léman à Corseaux près de Vevey pour sa mère. Tous les textes et la mise en pages sont faits par Le Corbusier. »

Certes, il ne s'agissait pas de la première fois qu'il présentait cette construction, mais le récit prend ici une nouvelle dimension : au cours des presque trente années qui séparent son achèvement et la publication du petit volume, l'architecte-auteur a eu maintes fois l'occasion de rendre visite à sa mère – et à la maison – et d'apprécier, sur l'une comme sur l'autre, le passage du temps. C'est la restitution de ce « vécu » humain et architectural qui fait l'originalité et la saveur de ce petit livre.

Une petite maison se présente comme un opuscule de 84 pages broché au format 16,50 par 12 centimètres. La couverture du reprint actuellement disponible, avec le plan grossièrement dessiné (repris de la p. 6) en partie basse, diffère de celle de l'édition originale, pourtant scrupuleusement composée, sans illustration, par Le Corbusier. Ce faisant, elle occulte la part importante qu'il avait réservée au titre de la collection, puisque la mention de celle-ci a totalement disparu.

L'intérieur de l'ouvrage réserve au contraire une part de choix à l'image, qu'il s'agisse de dessins délibérément frustes – dont certains sont, de manière là encore grossière, mis en couleurs à l'aide d'à-plats rouges ou bleus – ou de photographies : quelques-unes d'époque, et un reportage effectué *ad hoc* « sur les données de Le Corbusier » comme il ne manque pas de le préciser. L'ensemble apparaît d'ailleurs bien au feuilletage comme un livre d'images car les photographies, reproduites en noir et blanc, sont toujours d'une surface importante au regard de la petitesse du format : au moins un de leur côté est systématiquement imprimé à fond perdu. La qualité de reproduction est volontairement médiocre ; cela est particulièrement net dans la vue à laquelle Le Corbusier réserve, comme toujours, la place d'honneur : une perspective intérieure sur la grande fenêtre – en pleine double page (p. 32-33). Catherine de Smet a montré en 2007 que l'architecte-auteur-éditeur était particulièrement soucieux de cet effet de grosse trame, et s'offusqua de ce que le papier précieux du tirage de tête numéroté fît perdre le caractère évocateur et non purement informatif des photos ainsi traitées.[1] Il nota à la main, sur l'emboîtage de son exemplaire, la remarque rageuse suivante : « Cette édition ‹de luxe› est idiote. J'avais exigé du papier mat, même ‹bouffant›, et les clichés étaient ‹grosse trame› (comme pour les journaux) afin de laisser naviguer la pensée hors des images seulement indicatrices. Ici, le papier de luxe a tout *disqualifié.* » Ce que Le Corbusier souhaitait, c'était donc plus une évocation qu'une description réaliste, aussi bien dans le style du texte que dans le traitement des images. Cette volonté trouva un autre écho dans le rejet de tout document graphique traditionnel : « Je ne veux absolument pas de clichés d'architecture dans ce livre. Il faut y renoncer une fois pour toutes », répète-t-il en juillet 1954 à son éditeur. Mais comment mener à bien ce projet : montrer sans trop expliquer, raconter sans tout dévoiler ?

Cinq chapitres, cinq approches

Le corps du livre est scindé en cinq chapitres de longueur et de statut très inégal, que distinguent aussi bien la nature des informations données que le type et la proportion des images. Ce déséquilibre général est atténué par les doubles pages qui séparent chacun des chapitres : très aérées, elles ménagent des sortes de respirations au sein du volume par ailleurs très dense, voire brouillon. Le principe est toujours le même : en page de gauche, un schéma en couleur, dont le caractère énigmatique rappelle certains dessins du livre d'artiste qui sera publié en 1955, *Le Poème de l'angle droit;* en page de droite, le titre de la partie composé en petites capitales, ce qui lui donne un aspect paradoxalement précieux. Les intitulés des chapitres, qui n'ont guère à voir avec ceux d'un livre d'architecture courant, sont les suivants :

1. « UNE PETITE MAISON » (p. 4 à 11) : Le Corbusier campe le décor de l'action en huit pages et six schémas explicatifs : la région, les commanditaires, les « données du plan », les « fonctions précises avec des dimensions spécifiques » et la « conséquence » qu'il en a tirée : « un circuit » illustré par un plan (repris sur la « nouvelle » couverture) où figurent 15 stations le long d'une

sorte de promenade architecturale ; la recherche du terrain susceptible d'accueillir ce plan et l'installation de la maison dessus : « une boîte allongée sur le sol ».

2. « LA PETITE MAISON », (p.14 à 53) : le passage de l'article indéfini « une » à l'article défini « la » signale que l'on entre dans la concrétude du sujet ; ce chapitre occupe au demeurant la moitié du volume. Le Corbusier réussit ici le tour de force littéraire d'être *à la fois* une description *et* une narration. Dans un style souvent lyrique et à l'aide de 36 photos issues du reportage contemporain (mais sans aucun dessin), il raconte la mise en scène du paysage dans le petit jardin clos, la vie de la maison, ses problèmes de fissures, d'isolation… L'entreprise n'est pas toujours aisée car le créateur du bâtiment, qui est aussi l'auteur du récit le décrivant, mêle plusieurs niveaux d'observation – du plus conceptuel au plus prosaïque – et plusieurs époques : la construction de la maison au début des années 1920 ; le changement de statut de la voirie en 1930 ; le doublage ultérieur des façades par une tôle métallique ; le vieillissement du jardin et de ses arbres – avec participation, « et ça compte dans un foyer », des jeux du chien…

Pour ne pas trop perdre son lecteur (dans soixante mètres carrés…), Le Corbusier le convie à une visite guidée – qui ne suit pas exactement l'ordre du « circuit » élaboré dans le chapitre précédent mais le mène aussi de la façade sur la route vers le lac en passant par la maison. A l'intérieur, il s'enthousiasme pour « l'acteur primordial de la maison » (p. 31) et « unique acteur de la façade » (p. 36) qu'est la grande fenêtre. Elle bénéficie, on l'a vu, d'une reproduction sur une double page et d'une légende prosaïque et décalée : « un bon plan commence à la tringle à rideaux... » ; légende d'autant plus troublante qu'elle est reprise, sous forme d'autocitation ironique, dans le texte lui-même (p. 31) : « ‹ un bon plan de maison commence à la tringle à rideaux › – dixit Corbu ». Ledit Corbu ressort vite pour monter sur le toit, où il s'attarde pour admirer la vue et la végétation qui y croît spontanément ; redescendu à terre, il évoque longuement les maux des arbres et de la maison, avec force métaphores médicales (figures qui lui sont chères depuis *L'Esprit nouveau)* : « Ah, voilà ! Après trente années (presque), la façade porte des cicatrices, des colmatages de goudron. Les rides, les appendicites, les rhumatismes de la maison. » (p. 48).

3. « LES MAISONS AUSSI ATTRAPENT LA COQUELUCHE » (p. 56 à 59) prolonge cette veine pathologique. Ce bref interlude de quatre pages relate, sur le mode d'une plaisante anecdote, les fissures et mouvements dus à la montée des eaux du lac, ainsi que la solution de camouflage qui leur fut trouvée. Il est illustré de deux schémas didactiques et d'une photo de l'état de la malade (la façade sur le lac) après réparation (« une pellicule d'aluminium »). Si elle peut choquer le visiteur d'aujourd'hui, cette enveloppe qui nous semble impure ne semble guère troubler Le Corbusier. Quand cela l'arrangeait pour justifier les modifications apportées à ses œuvres, il se plaisait à répéter : « la vie a toujours raison ».

4. « DESSINS DE 1945 » (p. 63 à 77) : l'auteur s'offre « le délassement de quelques dessins » réalisés (dit-il) vingt ans après l'achèvement de la maison... et en reproduit, dix ans plus tard, sept sur des doubles pages, avec des à-plats de couleur minutieusement (jusque dans leur apparente maladresse) rapportés a *posteriori.* Pour Le Corbusier, ils « confirment les faits architec-

turaux impliqués dans cette simple entreprise de 1923, époque à laquelle la recherche d'un logis décent laissait l'opinion indifférente » (p. 63) – manière de rappeler que la conception de la maison prend place dans un contexte de réflexion sur « l'habitation minimum » que développeront les Congrès internationaux d'architecture moderne (Ciam). La datation de ces croquis ne renvoie, *a priori,* à aucune étape particulière de la vie de la maison. Alors pourquoi la préciser ? Sans doute pour montrer que l'attention de Le Corbusier à la « petite maison » est constante. D'ailleurs le dernier croquis, qui célèbre l'anniversaire de l'âme de ce lieu – sa mère – est daté, lui, de 1951 !

5. « LE CRIME » (p. 80) : six lignes – l'économie de la tragédie – annoncent au lecteur que, par décision administrative, cette maison n'est pas reproductible. Le fait de clore ce petit livre sur une note aussi pessimiste et sèche peut surprendre, mais elle participe d'une posture rhétorique qui restera chère à Le Corbusier tout au long de sa vie : la présentation de lui-même comme le martyr incompris de l'architecture moderne.

Pourtant, si l'amertume semble avoir le dernier mot, ce qui subsiste, c'est une vue, une grande fenêtre, une mère aimée, une maison et des arbres qui ont vécu.

De la narration à la description, et réciproquement

A en croire le rabat de couverture déjà évoqué, ce livre raconte une histoire : celle de la « petite maison ». Pourtant, pour opérer ce récit, Le Corbusier a procédé à de nombreuses descriptions. Si l'ouvrage s'ouvre sur un *incipit* – « Un terrain… » – qui, avec sa ponctuation suspendue, suscite une mise en haleine du lecteur similaire à la formule traditionnelle « il était une fois… », s'il se referme sur l'apex dramatique du chapitre « Le crime », si donc il utilise des ressorts propres à l'économie du récit, sa finalité est bien plutôt de « dé-peindre » un bâtiment. La fameuse sentence des Anciens – *« ut pictura poesis »* – trouve ici une véritable défense et illustration.

On sait que Le Corbusier adopte une double figure – à la fois sujet et objet du propos – dans nombre de ses textes. Dans le cas du premier des *Carnets de la recherche patiente,* cette dualité se complexifie encore : il convient en effet d'ajouter à ces deux postures d'auteur et d'architecte commenté celle d'illustrateur – l'architecte est l'auteur des dessins, explicatifs (dans les premier et troisième chapitres) ou « d'artiste » (dans le quatrième chapitre) –, celle de directeur artistique pour les photographies (deuxième chapitre) –, et enfin celle de graphiste et de responsable de fabrication (réalisation de la mise en pages, contrôle de la trame des photogravures, choix du papier), voire celle d'attaché de presse et d'agent commercial, quand il se mêle de la diffusion du livre. Les archives conservées à la Fondation Le Corbusier témoignent amplement de ces rôles joués tour à tour ou simultanément : maquettes successives, manuscrit, trois étapes de dactylographie, croquis, correspondance avec l'éditeur, notes internes…

Au fond, la « composition fondée sur l'antithèse et le paradoxe »[2], qu'a mise en évidence Bruno Reichlin dans la magistrale analyse structurale qu'il a donnée de la « petite maison », dans ses dimensions conceptuelles et matérielles, se retrouve dans la manière dont Le Corbusier présente trente ans après, par l'image et par le texte, cette même construction : les niveaux de discours se superposent, quand ils ne s'opposent pas – même si, mais finalement, c'est dans cette complexité que l'objet-livre trouve sa cohérence et son autonomie.

[1] Catherine de Smet, *Vers une architecture du livre. Le Corbusier, édition et mise en pages, 1912–1965,* Baden, Lars Müller Publishers, 2007.

[2] Bruno Reichlin, « La ‹petite maison› à Corseaux, une analyse structurale », *Le Corbusier à Genève,* Lausanne, Payot, 1987.

CONCEPTION GRAPHIQUE ET MISE EN PAGE
PAR LE CORBUSIER

Library of Congress Control Number: 2020931266

Information bibliographique de la Deutsche Nationalbibliothek
La Deutsche Nationalbibliothek a répertorié cette publication dans la
Deutsche Nationalbibliografie ; les données bibliographiques détaillées peuvent être
consultées sur Internet à l'adresse http://dnb.dnb.de

Nouvelle édition d'après l'édition originale de 1954
Ce livre est également disponible en édition numérique (ISBN 978-3-0356-2070-2) ;
et est aussi paru en version anglaise : éditions papier (ISBN 978-3-0356-2066-5)
et numérique (ISBN 978-3-0356-2069-6) ; et en version allemande :
éditions papier (ISBN 978-3-0356-2067-2) et numérique (ISBN 978-3-0356-2068-9)

© 2020 Birkhäuser Verlag GmbH, Bâle
Case postale 44, 4009 Bâle, Suisse
Membre de groupe d'édition Walter de Gruyter GmbH, Berlin/Boston
© 2020 Fondation Le Corbusier, Paris

Imprimé sur papier sans acide, composé de tissus cellulaires blanchis sans chlore. TCF∞
Imprimé en Allemagne

9 8 7 6 5 4 3 2

ISBN 978-3-0356-2065-8

www.birkhauser.com